글쓴이 송현지

재미가 가장 먼저인 수업을 만들기 위해 노력하는 '재미드니연구소' 대표입니다.
아이들 사이에서는 송아지 선생님으로 통하기도 하지요. 판소리와 연극을 공부하다
우연히 접한 동화구연의 매력에 빠져 동화구연지도사의 길로 들어섰습니다. 동화구연 활동으로
보건복지부장관상을 받았습니다. 아이들과 도란도란 책 읽으며 글 쓰는 재미를 전하는 것이 꿈입니다.
쓴 책으로 《초등 그림책 문해력 교실》 이론, 실전 편(공저) 《열려라, 초등 문해력!》(공저)
《일기 쓰기 재미 사전 1~2》 《초등 15줄 독후감 쓰기》 《우리 아이 처음 일기 쓰기》 등이 있습니다.

그린이 순두부

웹툰 작가입니다.
카카오 웹툰 〈나는 엄마다〉와 재담 쇼츠 〈나 같은 딸〉을 연재했습니다.

  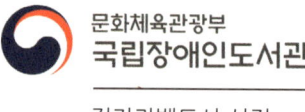

초판 1쇄 발행 2023년 2월 15일 • 초판 14쇄 발행 2025년 8월 22일 • 글쓴이 송현지 • 그린이 순두부
펴낸이 유지서 • 편집 이송이 • 디자인 최영란 • 마케팅 신경범, 우이, 육민애
펴낸곳 이야기공간 • 출판등록 2020년 1월 16일 제2020-000003호 • 주소 인천광역시 서구 승학로 556, 목성빌딩 402호
전화 070-4115-0330 • 팩스 0504-330-6726 • 이메일 story-js99@nate.com • 블로그 blog.naver.com/story_js2020
인스타그램 https://www.instagram.com/the_story.space/ • 스마트스토어 https://smartstore.naver.com/storyspace
경영지원 카운트북 countbook@naver.com • 인쇄·제작 미래피앤피 yswiss@hanmail.net • 배본사 런닝북 runrunbook@naver.com

ISBN 979-11-977690-7-8 (07800)

· 이 책은 저작권법에 따라 보호를 받는 저작물이므로 무단 전재와 복제를 금합니다.
· 책값은 뒤표지에 있습니다.
· 파본은 구입처에서 교환해 드립니다.
· 이야기공간스토어(https://smartstore.naver.com/storyspace)에서
본책, 독후 활동지, 감정 카드 100 등을 함께 또는 별도로 구입하실 수 있습니다.

좋아, 싫어 대신 뭐라고 말하지?

어린이 감정 공부 그림책

이야기공간

하루는 24시간.
아침에 일어나서 저녁에 잠잘 때까지
우리에게 많은 일이 생겨.

기분을 표현하는 수많은 말이 있을 텐데
우리는 그저 "좋아!"나 "싫어!"로만 말하고는 해.

곰곰이 생각해 보면
"좋아!"와 "싫어!"에는
다양한 감정이 담겨 있어.
온종일 우리가
얼마나 많은 감정을 느끼는지
한번 볼래?

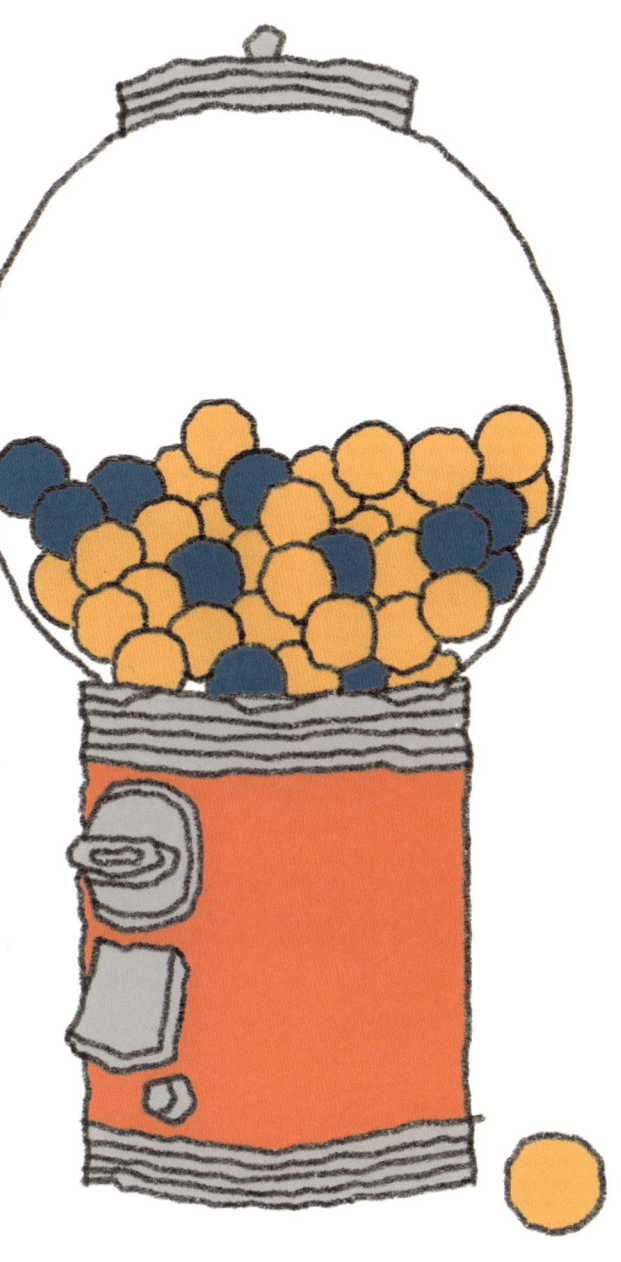

아직 눈뜨기도 힘든데
아침은 왜 이리 빨리 오는 걸까?

승규야, 일어나아~
벌써 8시 15분이야!

뭐하고 있어?
빨리빨리~!

윽, 벌써? 말도 안 돼.
더 자고 싶어.
일어나기 싫어~ 싫다고.

이럴 땐 "일어나기 싫어." 하지 말고 이렇게 말해 봐.

"엄마, 눈뜨기 힘들어요."

오늘은 엄마가 깨우기도 전에 눈이 번쩍 떠졌어.
푹 잤더니 아주 개운해.

이럴 땐 "좋아." 대신 이렇게 말해 봐.

"아, 상쾌해."

힘겹게 일어나서 겨우 세수하고 식탁에 앉았어.
"빨리빨리 먹고 학교 가야지."
엄마는 만날 빨리빨리래.
나는 빨리빨리 먹고 싶지 않은데….
심지어 아침 죽은 똥 색깔이야.

이럴 땐 "먹기 싫어." 하지 말고 이렇게 말해 봐.

"죽 색깔이 불쾌해요."

세수하고 식탁에 앉았는데
내가 제일 좋아하는 오므라이스가 있어.
기분이 정말 좋아.

이럴 땐 "좋아." 대신 이렇게 말해 봐.

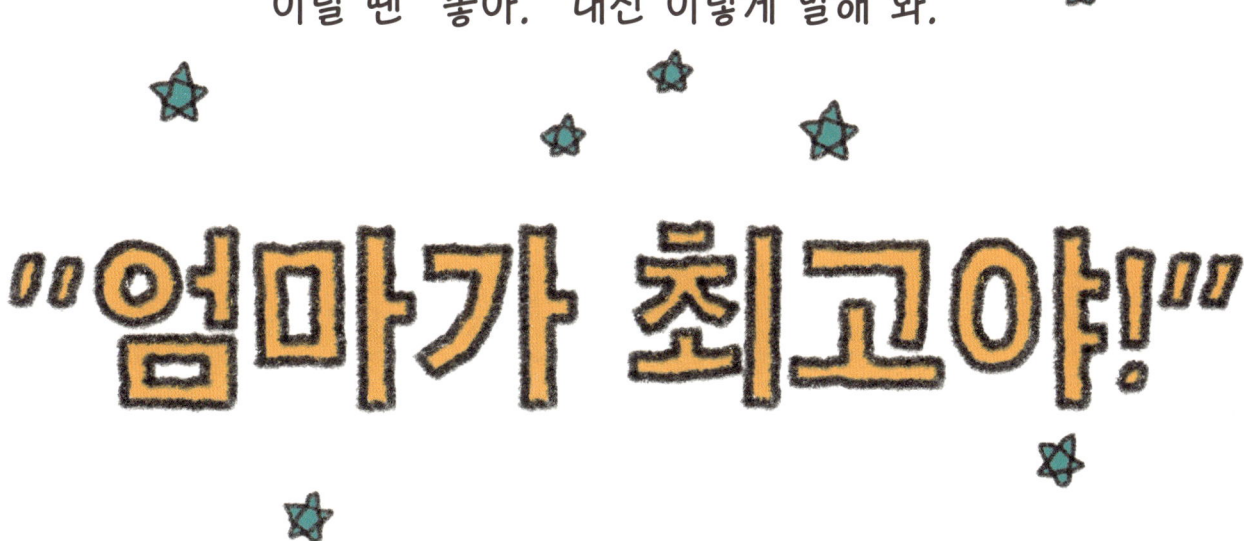

"엄마가 최고야!"

오늘 꼭 입고 싶은 옷이
세탁기 속 다른 옷들과 엉켜 있어.
엄마는 내 맘도 모르고
맘에 안 드는 옷을 입으래.

아무거나 입자.

이럴 땐 "그 옷 입기 싫어." 하지 말고 이렇게 말해 봐.

"입고 싶은 옷을 못 입어서 속상해요."

이번엔 내가 제일 좋아하는 강아지 티셔츠와
내가 제일 아끼는 청바지와 양말이
맞춤으로 딱 준비되어 있네.
기분이 정말 좋지?

이럴 땐 "좋아." 대신 이렇게 말해 봐.

"아, 행복해!"

어제 새로 산 운동화를 신고
학교에 가는 길, 개똥을 밟았어.
속상해서 막 눈물이 나려고 해.

심지어 내가 걸을 때마다
똥 냄새가 풀풀 나.

좋은 아침?

이럴 땐 "개똥, 진짜 싫어." 하지 말고 이렇게 말해 봐.

"신발이 더러워져서 찝찝해."

이게 웬일이야!
찬희, 승유, 준우 심지어 현진이까지 나랑 똑같은
강아지 티셔츠를 입었네. 나도 모르게 깔깔 웃음이 나와.

앗, 승규다.

승규, 똥 밟았대요!

이럴 땐 "좋아." 대신 이렇게 말해 봐.

"신기해."

깔깔 깔깔깔

깔깔

승규야,
빨리 와!

드디어 학교에 도착했어.
그런데 실내화 주머니에 실내화가 없잖아!

아이참, 이걸 어째.

이럴 땐 "깜빡깜빡 진짜 싫어." 하지 말고 이렇게 말해 봐.

"아, 이게 웬일이야. 황당해."

이럴 땐 "좋아." 대신 이렇게 말해 봐.

"엄마, 고마워요."

1교시 두근두근 받아쓰기 시험에서
삐끗, 한 문제를 틀렸어.
'가방을 쌌다.'가 맞는데
'가방을 쌋다.'라고 썼지 뭐야.
집에서 연습한 문제인데….

하나	모자를		썼다.			
둘	가슴이		두근거려			
	고기는		맛있어요.			
	가방을		쌋다.			
	얇은	책도	섞었다.			
	료를		솟아올라요.			
	림이		있다.			
	술이			펼칠	수	
	명풍처럼		묶는다.			
	끈을					

28

이럴 땐 "받아쓰기 싫어." 하지 말고 이렇게 말해 봐.

"에고, 아까워."

짜잔! 독서 골든벨에서는 내가 일등!
《뭔가 특별한 아저씨》《엄지 척》《무궁화꽃이 피었습니다》
《조용한 빵 가게》까지 읽은 책들이 바로바로 기억나는 거야.

이럴 땐 "좋아!" 대신 이렇게 말해 봐.

"아, 신나."

수업 시간은 엄청 긴데
쉬는 시간은 왜 이리 짧을까?
친구들과 더 놀고 싶은데
선생님이 빨리 자리에 앉으래.

이럴 땐 "수업 시간 싫어." 하지 말고 이렇게 말해 봐.

"쉬는 시간이 너무 빨리 가서 아쉬워."

점심시간은 왜 이리 기다려질까?
오늘은 무슨 반찬일까?
솔솔 음식 냄새가 나기 시작해.
친구들과 반찬 맞추기 게임을 했는데
오예, 내가 맞췄어!

이럴 땐 "좋아!" 대신 이렇게 말해 봐.
"정말 놀라워!"

드디어 수업이 모두 끝났어.
신나게 룰루랄라 교문을 나섰지.
그런데 아무리 봐도 우리 엄마가 안 보이네.

매일 엄마가 서 있던 자리에는
다른 아주머니가 있어.

엄마, 나 떡볶이 해 줘.

천천히 가자.

이럴 땐 "기다리기 싫어." 하지 말고 이렇게 말해 봐.

"기다리기 지루해."

엄마 왜 안 와!

'엄마가 올 때까지 지한이랑 놀아야지.'
엄마는 언제쯤 오려나?

그때 슈퍼우먼처럼
할머니가 자전거를 타고 나타났어.
'헤헤, 우리 할머니다!'

할머니 왔다.

이럴 땐 "좋아!" 대신 이렇게 말해 봐.

"할머니, 멋져!"

피아노 학원에서 연습하는데
손가락이 내 맘대로 움직이지 않으면 정말 짜증 나.

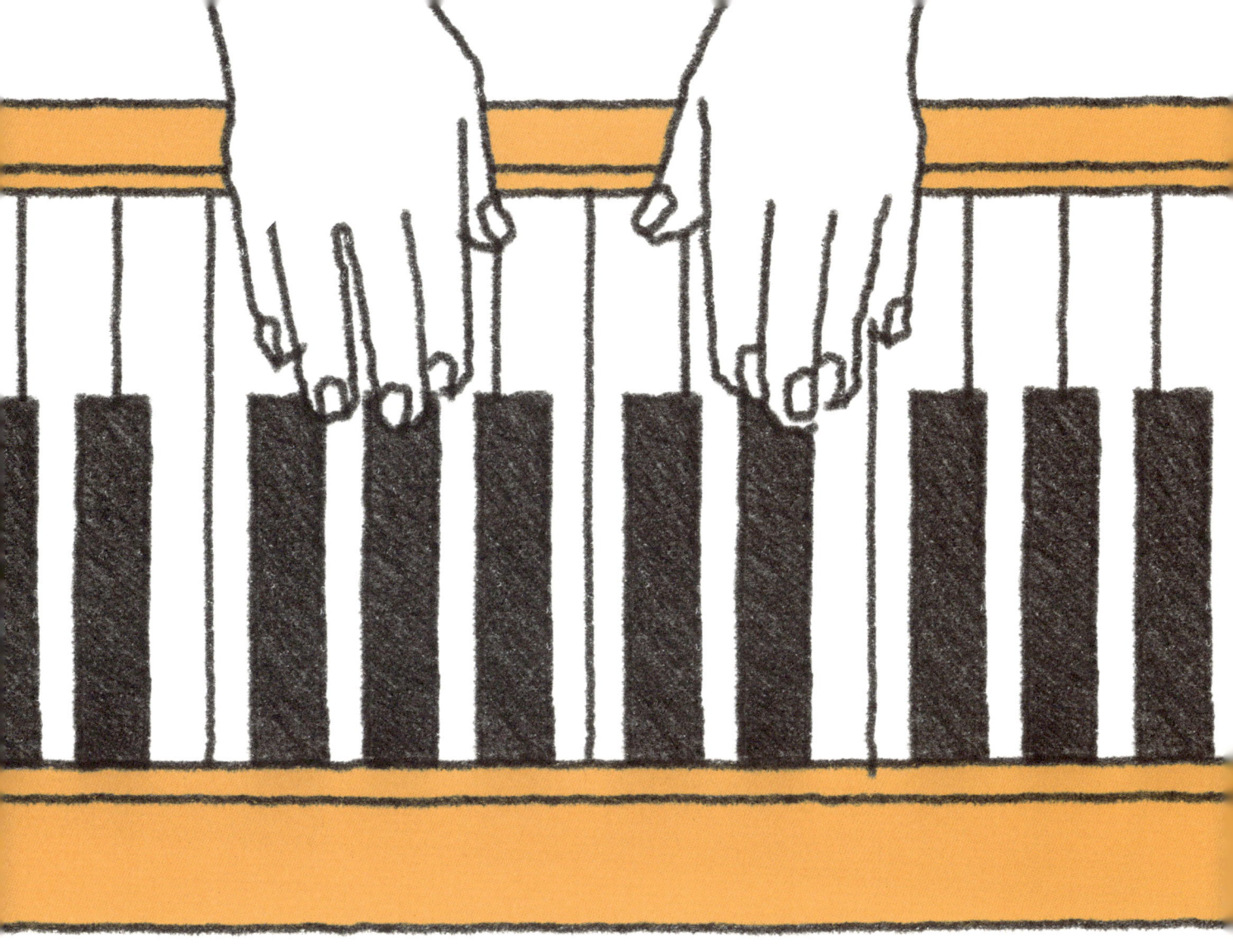

이럴 땐 "피아노 치기 싫어." 하지 말고 이렇게 말해 봐.

"너무너무 어려워."

드디어 오늘
태권도 학원에서 심사에 통과했어.
집에서 아빠랑 연습한 덕분인가 봐.
날아갈 듯 기분이 좋아!

예은아, 너도 합격이야?

당연하지!

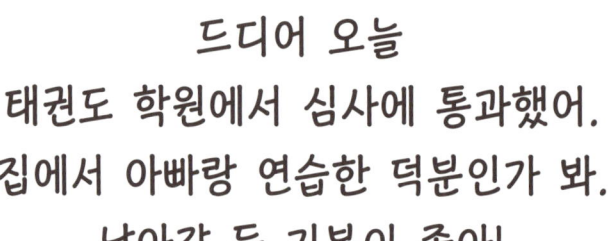

이럴 땐 "좋아!" 대신 이렇게 말해 봐.

"아, 뿌듯해."

집에 와서 숙제하고 저녁을 먹으니
벌써 잠잘 시간이야.
하루가 후딱 가 버린 것 같아서 아쉬워.
아침에는 눈뜨기 힘들더니
밤에는 왜 이리 자기 싫을까?

말똥말똥.

이럴 땐 "잠자기 싫어." 하지 말고 이렇게 말해 봐.

"밤이 너무 빨리 와서 섭섭해."

그런데 이불이 뽀송뽀송 보들보들.
은은하게 좋은 향기도 나.

내일은 또 무슨 일이 생길까?
학교에서 친구들과 뭘 하고 놀까?
생각하니, 기분이 아주 좋아.

이럴 땐 "좋아!" 대신 이렇게 말해 봐.

"아, 설레."

"좋아!"와 "싫어!"에
참 다양한 감정이 숨어 있지?

앞으로는 "좋아!" 대신 뭐라고 말할래?
또 "싫어!" 대신 뭐라고 말할 거야?

좋아 대신 이렇게 말해 봐.

감격스러워.	감동했어.	뿌듯해.
사랑해.	기뻐.	놀라워.
달콤해.	멋져.	반가워.

상쾌해.	설레.	신기해.
신나.	유쾌해.	행복해.
흐뭇해.	흥겨워.	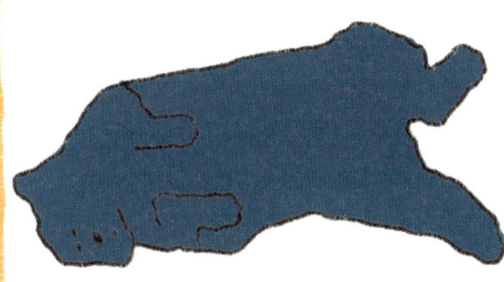

싫어 대신 이렇게 말해 봐.

답답해.	무서워.	불쾌해.
서러워.	섭섭해.	속상해.
창피해.	이상해.	미워.

아까워.	힘들어.	아쉬워.
어려워.	실망스러워.	지루해.
찝찝해.	황당해.	또 뭐라고 말할래?

어린이 감정 공부 활동 놀이

오늘 나는 어떤 감정인가요?

오늘의 나는 (　　　　　　) 나이다.
왜냐하면 (　　　　　　) 때문이다.

오늘 아침, 점심, 저녁에 내 감정이 어땠는지 표정을 그리고 말해 보세요.

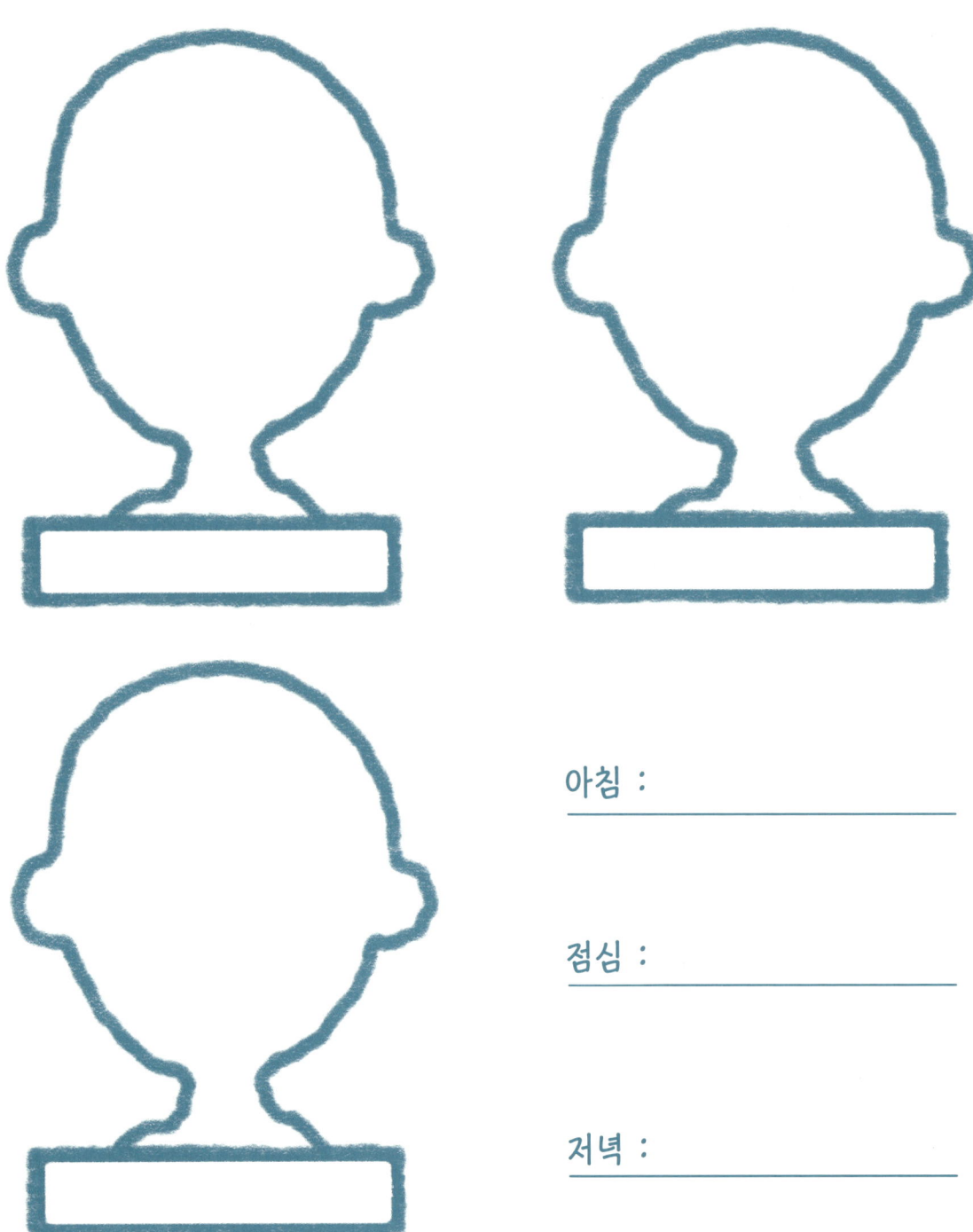

아침 : _____

점심 : _____

저녁 : _____

나에게 힘이 되는 감정들을 더해서
재미있는 말을 만들어 보세요.

멋져 + 기뻐 = 멋뻐

_____ + _____ = _____

_____ + _____ = _____

_____ + _____ = _____

_____ + _____ = _____

어떤 감정일까? I

주사위를 굴려서 나오는 수에 해당하는
얼굴, 머리카락, 눈, 코, 입으로 얼굴을 완성해 보세요.
(13쪽을 뜯어서 주사위를 만들어 놀이하세요.)

	첫 번째 얼굴	두 번째 머리카락	세 번째 눈	네 번째 코	다섯 번째 입

어떤 감정일까? II
완성된 얼굴을 그리고 어떤 감정인지 적어 보세요.

좋아 대신 이렇게 말해 봐.

싫어 대신 이렇게 말해 봐.

6쪽 감정 공부 활동 놀이할 때는 이 주사위를 만들어서 활용하세요.

주사위 만들기

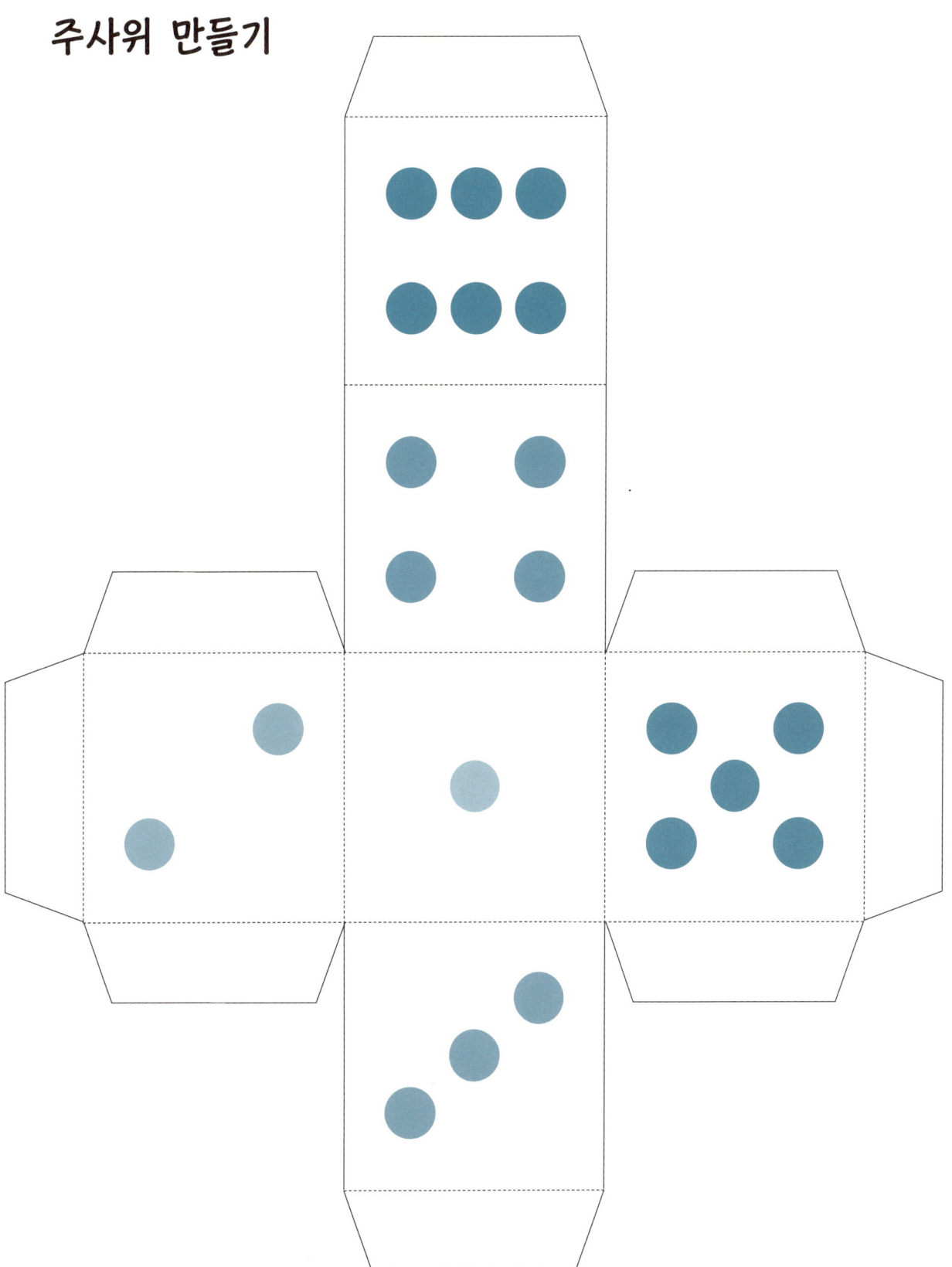

어린이 감정 공부 활동 노트

이제 감정 공부의 하이라이트!
독후 활동, 그림일기,
일기 쓰기를 시작해 볼까?

독후 활동

날짜 :   이름 :

오늘 읽은 책

이 책을 읽고 나는 어떤 감정을 느꼈나요?

독후 활동

책 제목	
읽은 날짜	
지은이/그린이	
출판사	

나만의 제목 :

독후 활동

날짜 :　　　　　　　　　　　　이름 :

오늘 읽은 책

이 책을 읽고 나는 어떤 감정을 느꼈나요?

독후 활동

책 제목	
읽은 날짜	
지은이/그린이	
출판사	

나만의 제목:

그림일기

오늘의 한마디 :

그림일기

| 년 | 월 | 일 | 요일 |

생생 날씨 :

나만의 제목 :

오늘의 칭찬 :

그림일기

오늘의 한마디 :

그림일기

년	월	일	요일

생생 날씨 :

나만의 제목 :

오늘의 칭찬 :

그림일기

오늘의 한마디 :

그림일기

년 월 일 요일
생생 날씨 :
나만의 제목 :

오늘의 칭찬 :

그림일기

오늘의 한마디 :

그림일기

| 년 | 월 | 일 | 요일 |

생생 날씨 :

나만의 제목 :

오늘의 칭찬 :

일기장

년 월 일 요일
생생 날씨 :
나만의 제목 :

일기장

년 월 일 요일
생생 날씨 :
나만의 제목 :

일기장

년　　　　월　　　　일　　　　요일
생생 날씨 :
나만의 제목 :

일기장

년   월   일   요일
생생 날씨 :
나만의 제목 :

좋아, 싫어 대신 뭐라고 말하지?

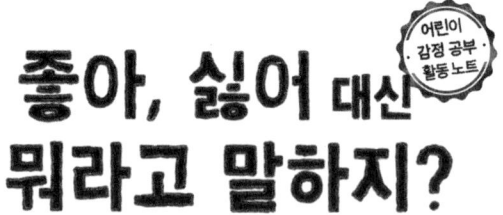

엮은이 송현지

재미가 가장 먼저인 수업을 만들기 위해 노력하는 '재미드니연구소' 대표입니다. 아이들 사이에서는 송아지 선생님으로 통하기도 하지요.
판소리와 연극을 공부하다 우연히 접한 동화구연의 매력에 빠져 동화구연지도사의 길로 들어섰습니다.
동화구연 활동으로 보건복지부장관상을 받았습니다. 아이들과 도란도란 책 읽으며 글 쓰는 재미를 전하는 것이 꿈입니다.
쓴 책으로 《일기 쓰기 재미 사전 1~2》《초등 15줄 독후감 쓰기》《우리 아이 처음 일기 쓰기》가 있습니다.

그린이 순두부

2015년부터 2020년까지 카카오웹툰에 〈나는 엄마다〉를 연재했습니다.
정책 주간지 K-공감의 〈카툰 공감〉과 인스타그램 등에서 활발히 활동하고 있습니다.

초판 2쇄 발행 2023년 9월 20일 • **엮은이** 송현지 • **그린이** 순두부
펴낸이 유지서 • **디자인** 최영란 • **마케팅** 김영란, 신경범, 우이, 육민애
펴낸곳 이야기공간 • **출판등록** 2020년 1월 16일 제2020-000003호 • **주소** 서울특별시 마포구 독막로 10, 606호 (성지빌딩, 합정동)
전화 070-4115-0330 • **팩스** 0504-330-6726 • **이메일** story-js99@nate.com • **블로그** blog.naver.com/story_js2020
인스타그램 https://www.instagram.com/the_story.space/ • **스마트스토어** https://smartstore.naver.com/storyspace
경영지원 카운트북 countbook@naver.com • **인쇄·제작** 미래피앤피 yswiss@hanmail.net • **배본사** 런닝북 runrunbook@naver.com

값 3,000원

· 이 책은 《좋아, 싫어 대신 뭐라고 말하지? : 어린이 감정 공부 그림책》 연계 활동을 위한 워크북입니다.
· 이야기공간스토어(https://smartstore.naver.com/storyspace)에서만 본책+워크북 세트 및 별도 판매합니다.
그 외 온오프라인 서점에서는 이 워크북을 구입하실 수 없습니다.
· 이 책은 저작권법에 따라 보호를 받는 저작물이므로 무단 전재와 복제를 금합니다.
· 파본은 구입처에서 교환해 드립니다.